CRITIQUE
DE
L'ŒDIPE
DE M. DE VOLTAIRE.

PAR M. LE G***

A PARIS,

Chez { GANDOUIN, Quay des Augustins, près de la rue Pavée.
AUBERT, du côté du Pont S. Michel.
ET
SAUGRAIN, dans la Grand'Sale du Palais.

───────────

M. DCC. XIX.
Avec Approbation & Permission.

CRITIQUE
DE
L'ŒDIPE
DE M. DE VOLTAIRE.

***

Vous me trouverez bien hardi, de donner au Public la critique d'une Piece à laquelle il a donné son sufrage, & d'ataquer un Auteur mis en paralelle avec Sophocle & Corneille, & qui prétend même les surpasser. Vous me direz peut-être que M. de Voltaire est bien éloigné de cet orgueil que je lui prête ; preuve de cela, c'est qu'il ne s'est pas plus épargné que les deux grands hommes qu'il censure...... Doucement, s'il vous plaît. M. de Voltaire n'a fait que se chatouiller, & les défauts qu'il avoue ne roulent que sur ce qui ne peut interesser sa réputation : il s'acuse sur les défauts de son sujet ; mais que ne faisoit-il de même sur ses épitetes mal placées, sur l'ambiguité de ses expressions, & sur ses fautes contre la Grammaire & contre la Poësie ? Vous voilà sans doute bien étonné ; mais vous le serez bien plus par l'examen de l'Ouvrage ; car je n'avance rien que je ne prouve. Je commence par l'Epître dédicatoire que je raporte toute entiere.

M.

» Si l'usage de dedier ses Ouvrages à ceux qui en
» jugent le mieux n'étoit pas établi, il commence-
» roit pour V. A. R. La protection éclairée dont
» vous honorez les succès ou les efforts des Auteurs,
» met en droit ceux même qui réussissent le moins,
» d'oser mettre sous votre Nom des Ouvrages qu'ils
» ne composent que dans le dessein de vous plaire :
» Pour moi, dont le zele tient lieu de merite auprès
» de vous, souffrez que je prenne la liberté de vous
» offrir les foibles essais de ma plume ; heureux, si
» encouragé par vos bontez je puis travailler long-
» temps pour V. A. R. dont la conservation n'est
» pas moins précieuse à ceux qui cultivent les beaux
» Arts, qu'à toute la France dont elle est les déli-
» ces & l'exemple. Je suis avec un profond respect.

Que dites-vous, Monsieur, de la premiere phrase ? y apercevez-vous d'abord le véritable sens ? on a besoin de la relire, pour entendre que ce n'est point l'usage qui doit déterminer au choix d'une Protectrice comme celle de l'Auteur.

Voilà la premiere fois que je vois donner de l'action à l'usage : l'usage ne commence rien ; mais les hommes commencent à mettre en usage ce qui leur convient. J'aimerois donc mieux dire : *je commencerois à l'introduire pour V. A. R.* que, *il commenceroit pour V. A. R.*

Si la protection de celui à qui on dédie est éclairée, il faut avoir bonne opinion de soi pour oser s'assurer de son aprobation, ou bien peu de considération pour son protecteur, pour lui ofrir un mauvais Ouvrage. Je ne m'aviserois jamais de faire une dédicace, si je ne comptois plus sur l'indulgence de mon Patron que sur son discernement. Quoi ! parcequ'un grand Seigneur nous protège, nous serons en droit de l'ennuyer ? cela seroit bien injuste ; le dessein de lui plaire ne nous justifieroit point ; nous devons réduire nos desirs à notre portée.

Pour moi, dont le zele tient lieu de merite auprès de vous ;

Après cette phrase, n'atendez-vous pas, Monsieur, un Verbe à la premiere personne, qui réponde à ce *pour moi* ? Point du tout, c'est un Impératif à la seconde personne. *Pour moi, souffrez que je prenne la liberté, &c.* Je suis persuadé que vous auriez dit : *Pour moi je prendrai la liberté, &c.* & vous auriez eu raison.

L'Auteur est vivement persuadé qu'il ne se formera point d'aussi habile homme que lui, puisqu'il borne ses souhaits à une longue vie, afin de travailler pour la Princesse : un autre un peu plus modeste auroit souhaité des talens, pour se rendre plus digne de sa protection ; mais s'il les a tous, pourquoi en demander ?

Oui, sans doute, la conservation de cette grande Princesse est très précieuse ; mais ne l'est-elle pas infiniment plus par le besoin de toute la France, que par celui des Poëtes ? Ces Meſſieurs devroient donc, ce me ſemble, ne marcher qu'après toute la France; mais l'Auteur vouloit mettre le relatif *dont*. Je répondrois bien pour la Princeſſe, qu'elle l'en auroit diſpenſé, & qu'elle auroit préféré un reſpectueux ſilence à un ſi foible éloge. L'entrepriſe eſt trop grande pour l'executer dans la moitié d'une ligne : j'aurois beaucoup mieux aimé que l'Auteur eût employé les momens que lui ont coûté ces deux mots, à faire une fin qui eût été liée avec le corps de la Lettre.

Voilà, Monſieur, mes remarques ſur l'Epitre de M. de Voltaire : Vous me direz, peut-être, que la Proſe n'eſt point ſon fait. Soit. Paſſons à la Piece.

ACTE PREMIER.

Scene I.

Vous dans Thebes, Seigneur ? Eh ! qui venez-vous faire ?
Nul mortel n'oſe ici mettre un pied témeraire,

Vous aviſeriez-vous jamais de faire tomber la témérité d'un homme ſur ſon pied, parcequ'en ſautant de trop haut, pour ſe divertir, il ſe le ſeroit démis ? diriez-vous de ce ſauteur étourdi ; *voilà un pied bien témeraire* ? Peut-être qu'oui, ſi, comme l'Auteur, vous aviez eu à rimer à *faire*.

Quand du couroux des Dieux, Miniſtre épouventable,
Funeſte à l'innocent, ſans punir le coupable.

La derniere ſillabe du premier hémiſtiche, produit, avec la premiere du ſecond, un ſon redoublé qui eſt deſagréable à l'oreille. Mais c'eſt une petite négligence qu'il faut pardonner à l'Auteur. Voici quelque choſe de plus ſérieux.

Ce monstre à voix humaine, aigle, femme & lion,
De la Nature entiere execrable assemblage.

Jusqu'à present, Monsieur, vous avez cru faire partie des ouvrages de la Nature, vous avez toujours admiré les animaux, les arbres, les fleurs, & tout ce que nous voyons sur la terre, comme autant de miracles qu'elle renouvelle tous les jours. C'est ce qui vous trompe : toutes les louanges qu'on lui donne ne sont que pour la fabrique d'une aigle, d'une femme, & d'un lion : notre Auteur ne reconnoît que cela dans la Nature ; mais je ne sçai ce qu'elle lui a fait : il faut qu'il soit bien en colere contre elle, pour traiter le seul ouvrage qu'elle ait fait *d'execrable assemblage*. Heureusement pour lui, nous n'avons ni aigles ni lions qui puissent prendre fait & cause ; mais si quelque femme s'avise de lire Oedipe, ne tremblez-vous pas pour l'Auteur, ou du moins pour sa Piece ? il n'auroit pas couru tant de risque s'il avoit dit, *monstrueux assemblage*.

Nos Sages, nos Vieillards, séduits par l'esperance,
Oserent sur la foi d'une vaine science,
Du Monstre impénetrable affronter le couroux ;
Nul d'eux ne l'entendit, ils expirerent tous :
Mais Oedipe, &c.
L'entendit & fut Roi.

Oedipe étoit donc Sorcier, puisqu'il expliqua une énigme inexplicable ? ou bien les Sages de Thébe étoient de francs nigauts, de prendre pour un mystere impénetrable, ce qu'un jeune homme comprend à la premiere exposition.

Il seroit bon que l'Auteur nous eût dit à laquelle

des Ortographes, ancienne ou moderne, il donne la préférence ; car en vérité je ne puis le deviner.

Je lui vois écrire *affronter*, *souffrir*, *accorder*, &c. avec les doubles consonnes inutiles de nos peres ; & de son autorité privée, il en retranche une, qui est necessaire dans le mot connoître ; car si l'on écrit ce mot avec une seule *n*, on prononcera *co-noître*.

> Vous, Seigneur, vous pourriez dans l'ardeur qui vous brûle,
> Pour chercher une femme abandonner Hercule,

Je n'avois point encore vû faire rimer une brève avec une longue, & je n'aperçois point dans ces deux vers, de pensée sublime qui ait dû porter l'Auteur a abandonner les regles de son art.

> Dimas, Hercule est mort, & mes fatales mains,
> Ont mis sur le bûcher le plus grand des humains.

Je ne trouve rien de fatal dans cet évenement, que la mort d'Hercule, & non point les mains de Philoctete : je ne croirois point du tout mes mains fatales, parceque j'aurois rendu les derniers devoirs à un de mes amis ; au contraire, ce seroit pour moi une satisfaction. Mais l'Auteur dispose de tout comme il lui plaît : il donne aux mains de Philoctete la fatalité qu'elles n'avoient pas, & il ôte à Hercule la portion de divinité qu'il avoit, pour en faire un homme ordinaire. C'est faire payer un peu cher une rime à ce Heros demi-Dieu.

> Je rapporte en ces lieux ces fleches invincibles.

Pourquoi ne pas mettre le pronom possessif *ses*, au lieu du démonstratif *ces*, afin de faire connoître que c'étoit à Hercule que Jupiter en avoit fait présent ?

L'Auteur reconnoît ici la divinité d'Hercule, puisqu'il fait dire à Philoctete, *qu'il vient*

A ce Heros,
Attendant des Autels, élever des tombeaux,

Je ne sache pas que ces deux rimes soient autorisées par l'usage.

Par dix ans de travaux utiles à la Grece,
J'ai bien acquis le droit d'avoir une foiblesse,

Pourquoi donc prend-t-on tant de soin de cacher ses foiblesses, si la raison nous permet d'en avoir; car le droit n'est fondé que sur la raison ? L'heroïsme en deviendroit plus facile.

Lorsque Dimas dit à Philoctete, que Jocaste est mariée à Oedipe, Philoctete répond :

Voilà, voilà le coup que j'avois pressenti.

Ne pouvoit-on point trouver une épitete pour sauver la repetition de *voilà, voilà*, qui ne signifie rien.

Tout ce Peuple à long flots conduit par le Grand Prêtre.

Un peuple à long flots, est quelque chose de nouveau, & je ne trouve rien de si patétique, que de faire venir tout d'un coup sur le Théatre des éclusées de peuple ; mais il faudroit y élever une digue pour le retenir.

Scene II.

Esprits contagieux, tyrans de cet Empire,
Qui soufflez dans ces murs la mort qu'on y respire.

Dites-moi, s'il vous plaît, Monsieur, si vous sçavez ce que c'eſt que des eſprits peſtiferez ? pour moi j'ai toujours cru que les mauvais eſprits ne pouvoient contribuer qu'à la coruption des mœurs, & que celle des corps ne pouvoit être cauſée que par les mauvaiſes influences de l'air, ou par quelque dérangement de conduite. De quelque part que cela vienne, en tout cas, le mal n'étoit pas dangereux, puiſque cette contagion ne tomboit que ſur les murs; mais le danger étoit qu'elle paſſât juſqu'au dedans de ces mêmes murs.

Fléchiſſons ſous un Dieu qui veut nous éprouver.

Ne prendriez-vous pas ce Grand Prêtre-là pour un de nos Docteurs Evangeliques qui nous prêcheroit le vrai Dieu? Il me ſemble que ſuivant ſa Religion il devoit dire :

Fléchiſſons ſous le Dieu qui, &c.

puiſqu'il en reconnoiſſoit pluſieurs.

Voici deux rimes qui ne ſont pas recevables, tant pour la quantité que pour le ſon.

Il ſait que dans ces murs la mort nous environne,
Et les cris des Thebains ſont montez vers ſon trône.

SCENE III.

Oedipe fait dans cette Scene deux portraits des Rois bien diferens. Dabord il dit :

Mais un Roy n'eſt qu'un homme en ce commun danger,

Et Voici comme il en parle deux pages plus loin.

Adorez de leurs peuples ils ſont des Dieux eux-même.

A propos *d'eux-même*, l'Auteur a été obligé de l'écrire ainſi pour rimer à *ſuprême* : mais l'Imprimeur, perſuadé que c'étoit une faute, a mis *eux-*

mêmes, & a sacrifié la rime à la Grammaire. L'Auteur n'est pas si scrupuleux, il a mis dans son *Errata*, qu'il faut lire *eux-même* ; jugez donc, s'il vous plaît, entre lui & l'Imprimeur ; le premier a la rime de son parti, mais l'autre pouroit bien avoir la raison.

Retournons un peu en ariere, & examinons ce qu'Oedipe dit à son Grand Prêtre.

Vous, Ministre des Dieux, que dans Thebe on adore ?

Est-ce le Ministre, ou sont-ce les Dieux, que l'on adore à Thebe ?

Le Grand Prêtre n'est pas plus intelligible dans ce qui suit.

Une effrayante voix s'est fait alors entendre,

Les Thebains de Laïus n'ont point vangé la cendre ;

Le meurtrier du Roi respire en ces Etats,

Et de son souffle impur infecte vos climats.

Ces reproches aux Thebains viennent-ils de l'effrayante voix, ou du Ministre ? si c'est du Ministre, c'est un impertinent, de resserer les Etats de son Maître dans la seule Ville de Thebe, & de dire à son Roy, *que son soufle impur infecte ses climats* ; car il savoit bien qu'il parloit d'Oedipe, puisqu'il étoit inspiré des Dieux. Si c'est la voix qui parle, c'est une voix bien méchante, de vouloir faire passer pour un crime une action où il n'y en avoit point du tout ; car c'est la volonté qui fait le crime : or Oedipe tua son pere sans le connoître ; donc il n'étoit que malheureux & nullement criminel : De plus Oedipe se batit en brave homme contre Laïus, & parceque Oedipe ne s'est pas laissé tuer, faut-il pour cela lui donner le titre odieux de meurtrier ?

Ecoutons encore le Grand Prêtre.

Reconnoissez ce monstre & faites-lui justice.

Pour reconnoître quelqu'un, il faut ce me semble en avoir quelque idée ; il n'y a sur la Scene que ce Grand Prêtre qui puisse reconnoître, non pas *ce monstre*, mais le malheureux Oedipe, puisqu'il est le seul qui sache de quoi il est question. Pourquoi donc charger de cette commission gens qui ne sauroient s'en aquitter ?

Vous allez aprendre une grande nouveauté, Monsieur, de la bouche d'Oedipe.

Et comme à l'interest l'ame humaine est liée,

Vous n'aviez point encore vû donner l'épitete *humaine*, à notre ame, j'en suis bien sur ; & moi je n'avois jamais oui dire si généralement, *que notre ame soit liée à l'interêt.*

Si l'Auteur est pris pour modèle, bientôt la rime sera une des moindres parties de la Poësie ; car en voici encore deux fort irrégulieres.

Pour moi, qui de vos mains recevant sa Couronne,
Deux ans après sa mort ai monté sur son trône.

Cet exemple seroit fort desavantageux à la Poësie ; aussi devons-nous nous flater qu'il ne sera point suivi.

Vous allez voir, Monsieur, que la Reine ne parle pas mieux que les autres Personnages de la Piece.

Elle vient de raconter le récit de la mort de Laïus par Phorbas, & elle continue ainsi.

Il ne m'en dit pas plus, & mon cœur agité,
Voyoit fuir loin de lui la triste verité ;
Et peut-être le Ciel, que ce grand crime irrite,
Déroba le coupable à ma juste poursuite ;

D'OEDIPE.

Peut-être accompliſſant ces decrets éternels,
Afin de nous punir il nous fit criminels.

Loin de qui s'enfuit la verité ? eſt-ce de Phorbas, ou du cœur de Jocaſte ? c'eſt de quoi l'Auteur ne nous inſtruit point.

Le *peut-être* du troiſiéme vers eſt fort mal placé ; car ſi le Ciel n'avoit point dérobé le coupable à la pourſuite de Jocaſte, je ſuis perſuadé qu'elle en auroit fait juſtice.

Le *peut-être* du cinquiéme vers eſt d'une autre eſpèce, & je ſuis ſurpris qu'une Princeſſe qui fait tant parade de vertu, ait des ſentimens auſſi impies que ceux de Jocaſte.

Je voudrois que Jocaſte ſe fût contentée de penſer ce qu'elle dit dans la proſe ſuivante.

Et l'on ne pouvoit guere, en un pareil effroi,
Vanger la mort d'autrui quand on trembloit pour ſoi.

Quoi ! avec cette auſtere vertu que Jocaſte nous chante à tout moment, elle oublie les manes de ſon époux, pour ne penſer qu'à elle-même ! en verité, cela donne bien à rabatre de ſa grandeur d'ame.

Il me paroît qu'Oedipe n'eſt pas un grand Clerc pour découvrir un myſtere. Voyez ſi j'ai tort.

Il faut tout écouter, il faut d'un œil ſevere,
Sonder la profondeur de ce triſte myſtere.

A quoi bon, s'il vous plaît, cet œil ſevere ? à épouvanter celui qu'on interroge, & à lui faire dire des choſes dont on ne tireroit aucun éclairciſſement. Il me ſemble qu'un viſage doux engageroit beaucoup mieux un criminel à parler, & qu'on a plus beſoin de juſteſſe & de pénétration dans l'eſprit, que de ſévérité dans l'œil, pour démêler le vrai d'avec le faux d'une dépoſition.

La priere d'Oedipe à ses Dieux n'est pas plus sensée.

> Et vous, Dieux des Thebains, Dieux qui nous exaucez,
> Punissez l'assassin, vous qui le connoissez.
> Soleil, cache à ses yeux le jour qui nous éclaire ;
> Qu'en horreur à ses fils, execrable à sa mere,
> Errant, abandonné, proscrit dans l'Univers,
> Il rassemble sur lui tous les maux des enfers,
> Et que son corps sanglant, privé de sepulture,
> Des Vautours devorans devienne la pâture.

Qu'Oedipe souhaite au meurtrier de son prédecesseur tous les maux imaginables, cela est en sa place : mais qu'Oedipe demande aux Dieux la mort de cet assassin dans le troisiéme vers, qu'ensuite il les prie de le faire vivre, errant, sans azile, & qu'ils le rendent execrable à sa mere (où trouvera-t-on une mere, à qui son fils devienne execrable) & qu'enfin il demande encore une fois sa mort ; c'est ne pas savoir ce qu'il veut.

Cette belle oraison est terminée par une aprobation du Grand Prêtre.

> A ces sermens nous nous unissons tous.

Pour moi, je n'aurois jamais pris le discours d'Oedipe que pour des imprécations, & non pour des sermens ; car je ne vois point en cet endroit qu'il soit question de rien afirmer.

Oedipe est si ocupé de sa vangeance qu'il en perd la raison.

> Dieux, que le crime seul éprouve enfin nos coups ;
> Ou si de vos decrets l'éternelle justice,
> Abandonne à mon bras le soin de son supplice,

Et si vous êtes las, enfin de nous haïr,
Donnez en commandant le pouvoir d'obéir.

Le châtiment d'un crime tombe, ce me semble, toujours sur celui qui l'a commis ; mais Oedipe veut que ce soit sur le crime seul ; peut-être que s'il voyoit le criminel son bon sens reviendroit.

N'est-ce pas manquer de respect pour ses Dieux, lorsqu'il dit au Grand Prêtre ?

Interroge ces Dieux une seconde fois.

Les au lieu de *ces* n'auroit pas plus coûté, & seroit plus respectueux.

Que veut-il dire dans le vers suivant ?

Et conduisant un Roy facile à se tromper,

On diroit bien qu'un Roy est facile à tromper par ses Sujets ; mais je ne crois pas qu'on puisse dire *qu'il est facile à se tromper.* Il faudroit mettre l'adverbe à la place de l'adjectif, & dire qu'un Roi se trompe facilement.

ACTE II.
Scene I.

Je pardonnerois au Grand Prêtre de traiter de parricide le meurtre de Laïus ; mais il me semble qu'Hidaspe ne doit point dire ;

Même il étoit dans Thebe en ces tems malheureux,
Que le Ciel a marquez d'un parricide affreux.

Puisqu'il ne sait pas qu'Oedipe soit le coupable, ni qu'il soit le fils de Laïus.

Voici, Monsieur, deux nouvelles rimes.

Ce peuple épouvanté ne connoît plus de frein,
Et quand le Ciel lui parle il n'écoute plus rien.

Quand vous les jugeriez bonnes, je crois que j'en apellerois, malgré la vénération que j'ai pour vos décisions.

Par le dernier de ces deux vers, ne doit-on pas entendre, qu'aussi-tôt que le Ciel parle à ce peuple, il ne connoît d'autre devoir que celui d'obéir aux Dieux ? cependant la pensée de l'Auteur est, que ce peuple est si rempli de terreur, qu'il n'écoute plus rien, pas même la voix du Ciel.

Ne trouvez-vous point Jocaste un tant soit peu brutale à la fin de cette Scène ? A propos de quoi dire tout d'un coup à Hidaspe, *sortez* ? est-ce parcequ'il dit que les Thebains soupçonnent Philoctete ? elle ne devroit pas s'en prendre à lui ; car il n'y a nullement de sa faute.

Scene. II.

L'emploi de Panégyriste à la Cour de Jocaste auroit été très-facile à remplir ; car elle ne lui auroit presque rien laissé à dire : elle ne sauroit toucher l'encensoir qu'elle ne s'en donne par le nez ; elle dit en parlant de Philoctete.

Aprens que ces soupçons irritent ma colere,
Et qu'il est vertueux puisqu'il m'avoit sçu plaire.

Quoi ! parceque Philoctete avoit sçu plaire à Jocaste, son carosse ou son char, aussi-bien que celui d'Oedipe, ne pouvoit pas se trouver acroché avec celui de Laïus : & pour les beaux yeux de Jocaste, il auroit falu qu'il eût cedé le pas à Laïus, comme un benêt, sous peine d'être dégradé de vertu par sa Dame ! la bonne Dame n'avoit pas une idée bien
saine

saine de la vertu ; elle connoissoit mieux l'amour.

Egine pour consoler sa Maîtresse, lui dit ;

Votre douleur est juste autant que vertueuse.

Trouvez-vous, Monsieur, qu'il y ait une grande vertu à pleurer pour de simples soupçons qui tombent sur son amant, lorsqu'elle a la mort de son mari à vanger.

Tu connois, chere Egine, & mon cœur & mes maux,
J'ai deux fois de l'Hymen allumé les flambeaux.

L'Auteur croit-il qu'en chargeant l'Hymen de flambeaux les mariages en iront mieux ? chansons, à moins qu'il n'ait dérobé celui de l'Amour pour lui en faire present.

Et mes premiers amours, & mes premiers sermens,

Amour, n'est-il point feminin au pluriel ? il n'y avoit rien de si aisé que de se mettre dans la régle, la conjonction *&* retranchée réparoit tout le mal.

Il faut avouer, Monsieur, que la vertu de Jocaste est bien méritoire. Il y a peu de femmes dont la vertu soit à l'épreuve de la révolte de leurs sens : mais aussi, en trouverez-vous beaucoup d'assez inconsiderées pour aller dire à leurs Confidentes ;

J'étouffai de mes sens la révolte cachée.

Ce n'est pas savoir le métier de prude, que de tenir de pareils discours.

Je trouve plus d'esprit dans la réponse d'Egine.

Comment donc pouviez-vous du joug de l'Hymenée,
Une seconde fois tenter la destinée ?

Elle avoit raison de parler ainsi ; car elle avoit

été témoin de l'amour de la Reine pour Oedipe, & elle a soin de l'en faire souvenir.

Oedipe, Madame, a paru vous toucher,
Et votre cœur, du moins, sans trop de résistance,
De vos Etats sauvez donna la récompense.

Il me paroît effectivement que Jocaste avoit plus d'amour que d'esprit ; en voici encore une preuve dans ce qu'elle répond à Egine.

Je sentis pour lui quelque tendresse,
Mais que ce sentiment fut loin de la foiblesse !

Ne voilà-t-il pas quelque chose de bien extraordinaire, que d'aimer un mari sans foiblesse ? n'est-ce pas convenir que l'amour qu'elle avoit pour Philoctete étoit de contrebande ; puisqu'elle le distingue de celui qu'elle avoit pour Oedipe, par la foiblesse.

En récompense voici de grands mots, qui vont vous dédommager.

Ce n'étoit point, Egine, un feu tumultueux,
De mes sens enchantez enfant impetueux.

N'êtes-vous pas enchanté ? pour moi, Monsieur, je serois charmé, si je savois ce que c'est qu'un feu tumultueux.

S'il y a du mal à aimer un autre que son mari, Jocaste est plus coupable qu'une autre ; parceque son amour ne s'étant rendu maître que de son esprit, comme elle le dit dans les vers suivans, elle pouvoit fort bien lui résister sans trop d'efforts.

Je ne reconnus point cette brûlante flâme,
Que le seul Philoctete a fait naître en mon ame,

Et qui sur mon esprit répandant son poison,
De son charme fatal a séduit ma raison.

L'esprit ne se laisse point séduire si facilement, & tant que le cœur n'est point ataqué, l'amour n'a pas grand pouvoir.

Jocaste est une grande babillarde en fait de vertu, elle ne sait dire autre chose : sans cesse elle chante vertu.

Oedipe est vertueux, sa vertu m'étoit chere.

Vertueux & *vertu* ne sont-ils pas bien amenez-là? Mais d'où vient, puisqu'Oedipe est vertueux, que Jocaste dit que sa vertu lui étoit chere, aparemment que pour le présent celle de Philoctete a le dessus, ou bien c'est à cause de cet *horrible augure* sous lequel son hymen fut conclu. *Terrible augure* ne seroit-il pas aussi bon qu'*horrible augure* ? d'autant plus qu'il y a encore de l'horreur dans le vers de devant.

Avec horreur enfin je me vis dans ses bras;
Cet hymen fut conclu sous un horrible augure.

Scene III.

Ne trouvez-vous pas joli le paralelle que Jocaste fait des Dieux & du Sphinx, lorsqu'elle dit.

Et du Sphinx & des Dieux la fureur trop connuë.

Elle fait par là autant de monstres de ses Dieux, & elle convertit le Monstre en être de raison ; cela n'est pas étonnant, l'amour & le bon sens ne sont pas toujours d'accord.

Du Monstre à vos genoux j'eusse aporté la tête.

L'aimable chose, que la tête d'un monstre sur les genoux d'une Maîtresse ! quel dommage que Philoctete ait été absent ! Jocaste auroit eu ce charmant spectacle.

J'admire la tranquilité & la retenue de Philoctete, lorsqu'il aprend qu'il est soupçonné d'avoir assassiné Laïus. Croyez-vous qu'il y en eût beaucoup qui se contentassent de répondre comme Philoctete ?

Madame, je me tais, une pareille offense,
Etonne mon courage & me force au silence.
Qui, moi, de tels forfaits ! moi, des assassinats !
Et que de votre époux.... vous ne le croyez pas.

En tout cas, n'est-il pas bien lavé, dès que Jocaste n'en croit rien ? Il n'y a point de Juge qui ne déchargeât un Criminel dès qu'il lui diroit que sa Maîtresse ne le croit point coupable.

Voici l'Amour qui joue son jeu, & qui fait caqueter à merveille Jocaste avec Philoctete.

Non, je ne le crois point, & c'est vous faire injure,
Que daigner un moment combattre l'imposture.
Votre cœur m'est connu, vous avez eu ma foi.
Et vous ne pouvez point être indigne de moi.
Oubliez ces Thebains que les Dieux abandonnent,
Trop dignes de perir depuis qu'ils vous soupçonnent ;
Et si jamais enfin je fus chere à vos yeux,
Si vous m'aimez encore, abandonnez ces lieux,
Pour la derniere fois renoncez à ma vûe.

Passe pour les deux premiers vers ; on ne peut pas moins penser pour une personne qui nous est chere ; mais la plaisante justification qui suit : quoi ! parceque Jocaste a donné sa foi à Philoctete, il ne sauroit manquer ; & enfin il ne peut-être indigne d'elle !

cela seroit bon si l'amour n'avoit point de bandeau; eh! combien voyons-nous tous les jours de femmes fort aimables se deshonorer par leur choix ?

Autre folie de Jocaste! ce n'est plus pour n'avoir point vangé la mort de Laïus que les Thebains sont coupables, c'est parce qu'ils soupçonnent Philoctete d'en être la cause; en vérité, si les esprits revenoient de l'autre monde, je craindrois fort que Jocaste ne fût souffletée par l'ombre de Laïus.

On a bien raison de dire que l'amour est plus vif dans les femmes que dans les hommes ; car dès que Jocaste ordonne à Philoctete de partir, le voilà tout d'un coup résolu : & toutes ses lamentations se réduisent au vers suivant.

Jocaste ! pour jamais je vous ai donc perdue.

Cela n'est-il pas bien tendre ?

L'amour de Jocaste va jusqu'à lui faire dire des sotises à Philoctete.

Les Dieux vous réservoient un plus noble destin,
Vous étiez né pour eux ; leur sagesse profonde,
N'a pu fixer dans Thebes un bras utile au monde,
Ni souffrir que l'amour remplissant ce grand cœur,
Enchaînât près de moi votre obscure valeur.

Mais il faut se prêter aux malheureux ; elle veut dire que s'ils avoient été unis, la valeur de Philoctete se seroit anéantie.

Je ne saurois expliquer de même *le soin tendre & timide* du vers suivant.

Non, d'un lien charmant le soin tendre & timide,
Ne dut point occuper le successeur d'Alcide.

Je vois bien qu'il rime à *Alcide* ; mais je ne l'en trouve pas plus raisonable.

B iij

CRITIQUE

La pauvre Jocaste se trouble de plus en plus.

Seigneur, mon époux vient, soufrez que je vous laisse ;
Non que mon cœur troublé, redoute sa foiblesse ;
Mais j'aurois trop peut-être à rougir devant vous,
Puisque je vous aimois, & qu'il est mon époux.

Il n'est guere en usage, ce me semble, que les Têtes couronnées disent mon *époux* ni ma *femme*.

On ne sait si c'est la foiblesse de son cœur, ou celle du Roi, que Jocaste ne craint point. Elle veut paroître ferme dans le second vers ; & dans le troisiéme elle dit qu'elle auroit trop à rougir. Pourquoi ? parcequ'elle a aimé Philoctete, & qu'Oedipe est son Epoux : que fait à Oedipe l'amour de Jocaste pour Philoctete, s'il est passé comme elle dit ? cela n'est pas de son bail.

Scene IV.

Ne trouvez-vous pas, Monsieur, cette Scène pleine de Rodomontades mal soutenues ? en voici quelques échantillons.

Thesée, Hercule & moi, nous vous avons montré,
Le chemin de la gloire où vous êtes entré.
Cette main qu'on accuse, au défaut du tonnere,
D'infames assassins a délivré la terre.

Un Roi, pour ses sujets, est un Dieu qu'on revere :
Pour Hercule & pour moi, c'est un homme ordinaire.

Mais un Prince, un Guerrier, un homme tel que moi,
Quand il a dit un mot, en est cru sur sa foi.

Malgré ces beaux discours, Oedipe veut toujours que Philoctete soit mis sur la sellette ; & le bon

Philoctete répond seulement à cela que

> La vertu s'avilit à se justifier.

Ce qui est un sentiment faux ; car la vertu n'a jamais à se justifier ; mais elle peut avoir la calomnie à détruire.

Oedipe ordonne à Philoctete de rester à Thebe : il y consent ; & au lieu de se mettre en colere contre son acusateur, c'est contre le Ciel qu'il exhale sa bile ; je voudrois bien savoir pourquoi dire

> J'y resterai sans doute,
> Il y va de ma gloire, & ce Ciel qui m'écoute, &c.

Ce Ciel est une maniere de parler injurieuse. Il n'auroit pas été plus difficile de dire le Ciel.

SCENE V.

Lorsque Philoctete est parti, Oedipe commence à le vouloir justifier, & il dit à Hidaspe en parlant du mensonge.

> Je ne puis voir en lui cette bassesse infame.

Vous ne croiriez jamais que cela voulût dire, *je ne puis me persuader qu'il ait cette bassesse infame !* pardonnez-moi, Monsieur : & il est fort heureux pour Philoctete que ce qui précede, & ce qui suit, fasse entrevoir ce que ce Vers signifie ; car sans cela, il étoit perdu d'honneur & de réputation.

> Ces Dieux, dont le Pontife a promis le secours,
> Dans leurs Temples, Seigneur, n'habitent point toujours ;
> On ne voit point leurs bras si prodigue en miracles.

Que vous semble, Monsieur, du Pontife des Thebains ? serez-vous d'humeur à le leur laisser ? Selon moi, c'est assez pour eux d'un Grand Prêtre.

CRITIQUE

Les Dieux de ce temps-là agissoient bien machinalement, puisqu'ils ne faisoient des miracles qu'à force de bras. Je m'étois toujours imaginé qu'il ne leur faloit que la volonté pour cela.

> De Phorbas que j'atens, cours hâter la lenteur.

Voilà assurément une expression toute neuve; mais je crains bien que la nouveauté ne soit pour elle un mauvais passeport.

ACTE III.

SCENE PREMIERE.

Je ne sçai à propos de quoi Jocaste dit, en parlant de prendre la défense de Philoctete.

> Moi! Si je la prendrai! dûssent tous les Thebains
> Porter jusque sur moi leurs parricides mains.

Je ne vois point de raison de maltraiter si fort les Thebains; mais c'est l'amour qui opere.

SCENE II.

Quand Jocaste presse Philoctete de partir, elle lui dit:

> Seigneur, au nom des Dieux, au nom de cette flâme,
> Dont la triste Jocaste avoit touché votre ame.

Une flâme ne touche point; elle brûle: mais peut-être que l'ame de Philoctete est incombustible.

Il y a dans le Vers suivant trois *si*, qui pourront bien déplaire aux oreilles délicates.

> Si d'une si parfaite & si tendre amitié.

Mais c'est pousser trop loin la chicane.

SCENE III.

> C'étoit, c'étoit assez d'examiner ma vie.

Voilà un *c'étoit* répété, qui n'est pas d'un grand secours à Philoctete. Mais il falloit remplir le Vers.

SCENE IV.

Oedipe a bien le parricide en tête ; il le met à toute sauce. Pour demander le sujet de la colere des Dieux, il dit :

> Quelle main parricide a pû les offenser ?

N'aimeriez-vous pas mieux quelle main *criminelle*, &c.

> Oedipe a pour son peuple une amour paternelle.
> Nous joignons à sa voix notre plainte éternelle.

L'Auteur a fait l'amour masculin au pluriel, & il le falloit faire féminin. Presentement il le fait féminin au singulier, & il doit être masculin. Aparemment que l'Auteur croit que la rime le dispense de la Grammaire.

Voilà-t-il pas aussi un personnage du chœur, qui se mêle de parler *parricide*, sans savoir de quoi il est question ?

> Nos bras vont dans son sang laver son parricide.

Mais un pauvre mourant peut bien se tromper en parlant.

> Ses mains ajoûteront à la rigueur celeste.

Le verbe *ajoûter* n'est-il pas actif ? L'Auteur, de son autorité privée, en fait un verbe neutre. C'est peut-être une licence poëtique.

Remplissant de vos cris les antres solitaires.

N'êtes-vous pas charmé *des antres solitaires* ? Les *éxécrables*, *abominables*, *détestables*, & *horribles* si souvent répetez dans la Piece, & hors de place, y conviendroient beaucoup mieux selon moi.

Malheureux, savez-vous quel sang vous donna l'être ?

Il faut que le Grand Prêtre soit bien en colere, pour apeller son Roi *malheureux*. Je conviens qu'Oedipe le traite un peu cavalierement ; mais ce saint Personnage ne devroit-il pas nous donner l'exemple de la modération ?

Voici justement un de ces éxécrables, dont je vous parlois tout à l'heure.

O Corinthe ! ô Phocide ! execrable hymenée !

Pourquoi pas ô funeste hymenée ?

Je vois naître une race impie, infortunée.

Infortunée, je l'avoue ; mais pour *impie*, c'est de quoi je ne conviendrai point, puisqu'ils sont tous dans la bonne foi.

Ne vous l'avois-je pas bien dit, Monsieur, que nous ne manquerions pas de ces épitetes magnifiques ?

Quittez, Reine, quittez ce langage terrible ;
Le sort de votre époux est déja trop horrible.

ACTE IV.

SCENE PREMIERE.

On ne voyoit jamais marcher devant son char
D'un bataillon nombreux le fastueux rampart.

Les Rois de ce temps-là marchoient donc toujours bien gravement, puisque leur garde n'étoit composée que d'Infanterie. J'aurois cependant trouvé ce rampart ambulant beaucoup plus fastueux, s'il eût été formé par de la Cavalerie. Mais on brilloit à peu de frais chez nos Peres. Pour nous, qui préferons l'utile au faste, nous aimerions beaucoup mieux un *solide rampart*, qu'un *fastueux rampart*.

Ne trouvez-vous pas, Monsieur, que Jocaste a la memoire bien foible, puisqu'elle a besoin qu'on lui parle du meurtre de Laïus pour s'en ressouvenir ? car elle n'y pensoit plus, comme il paroît par le Vers suivant.

Puisque vous rapelez un souvenir fâcheux.

On n'oublie pourtant point si aisément des événemens de cette nature, sur-tout quand ils nous causent de la douleur.

Oedipe n'est pas plus heureux qu'elle de ce côté-là, il ne paroît pas vrai-semblable qu'il ne puisse pas se ressouvenir, s'il a tué quelqu'un : cependant voici comme il parle.

Moi, j'aurois massacré ! Dieux ! seroit-il possible ?

Ce sont là des accidens qui frapent assez, pour ne jamais s'éfacer. C'est peut-être quelque maladie, qui a fait ce prodige dans Oedipe.

Que pensez-vous de la surprise d'Oedipe, quand Jocaste lui dit qu'elle a perdu son fils.

Votre fils ! par quels coups l'avez-vous donc perdu ?
Quel Oracle sur vous les Dieux ont ils rendu ?

Voilà des gens bien indiferens ! Quoi ! passer des années ensemble, & ne pas savoir l'histoire l'un de l'autre ! Oh ! dans ce temps-ci on n'est point si réservé : & si l'amour ou l'amitié ne faisoit pas son effet, la curiosité ou l'envie de parler y supléeroit. Mais je ne saurois croire que Jocaste ait fait un pareil mistere à son mari : elle le lui a dit cens fois, mais il l'a oublié, comme le meurtre de Laïus.

> Aprenez, aprenez dans ce péril extrême.

Voilà une répétition de mots qui est d'une grande utilité.

Voici l'Oracle de la Prêtresse.

> Ton fils tuera son pere, & ce fils sacrilege,
> Inceste & parricide.... ô Dieux, acheverai-je?

Il n'est pas étonnant qu'une fille toute remplie d'une sainte fureur, ne sache pas la force des mots dont elle se sert. Mais puisque l'Auteur est son truchement, il ne devoit pas lui laisser donner le nom de l'action à celui qui la commet ; car je suis persuadé qu'il sait qu'on nomme ce crime *inceste*, & celui qui le commet *incestueux*.

Que dites-vous, Monsieur, de la pudeur de Jocaste, qui dit sans hésiter que son fils sera *sacrilege, incestueux, & parricide*, & qui s'arrête tout court, parcequ'il s'agit de partager son lit? c'est bien tout ce que pouroient faire nos prudes d'à present. Elles ne manqueroient pas de dire, que ce seroit faire la sucrée mal à propos, parceque le mot d'*inceste*, qu'elle vient de lâcher, exprime assez ce qu'elle fait semblant de vouloir cacher.

Jocaste pouvoit-elle craindre l'effet d'une prédiction si mal assaisonnée? & ce fils,

> Dégoutant dans ses bras du meurtre de son pere,

ne l'auroit-il pas dégoûtée? & ces éxécrables témoins d'une action si barbare n'auroient-ils pas été sufisans pour l'empêcher de recevoir ce fils dans son lit.

Il y avoit long-tems que nous n'avions vû de ces mots favoris de l'Auteur.

> Il est juste à mon tour que ma reconnoissance
> Fasse de mes destins l'horrible confidence.

On peut bien faire une confidence de choses horribles ! mais non pas une confidence horrible.

> Cependant de Corinthe, & du trône éloigné
> Je vois avec horreur les lieux où je suis né.

Voilà deux rimes bien riches !

> Du sein de ma patrie, il falut m'exiler.

Passerez-vous à l'Auteur un hiatus de cette nature ? j'en ai bien laissé passer ; mais à celui-ci, je n'y puis tenir.

> Avec fureur sur moi fondent à coups pressez.

Cette expression est-elle de bon aloi ? & ne seroit-il pas mieux de dire à coups précipitez ?

SCENE II.

> Vous avez fait le crime, & j'en fus soupçonné ;
> J'ai vêcu dans les fers, & vous avez regné.

Que la Poësie va devenir facile, s'il est permis d'employer des rimes, comme *soupçonné* & *regné*.

> Va, bien-tôt à mon tour je me rendrai justice ;
> Va, laisse-moi du moins le soin de mon suplice.

L'Auteur aime les répétitions ! Pourquoi ces

CRITIQUE

deux *va* ? Si Forbas avoit obéi au premier, il n'auroit point entendu la suite du discours d'Oedipe ; & il en auroit perdu le plus consolant pour lui.

SCENE III.

Ne vous semble-t-il pas, Monsieur, qu'Oedipe ait parlé d'un autre époux, que de celui de Jocaste, lorsqu'elle lui répond.

<blockquote>Mais vous êtes le mien !</blockquote>

Cependant il venoit de lui dire,

<blockquote>Ah ! je n'écoute rien,
J'ai tué votre époux.</blockquote>

Si Jocaste avoit sû la Grammaire, elle auroit répondu : Ah ! vous l'êtes aussi. Mais il falloit rimer à rien.

<blockquote>Corinthe, que jamais ta détestable rive......</blockquote>

J'ai quelquefois oui dire la *rive* d'un fleuve, ou d'une riviere, & non pas celle d'une Ville. Et d'ailleurs pourquoi ce *détestable*, avec la rive de Corinthe ? il y a de l'ingratitude à Oedipe de donner une telle épitete à un Pays auquel il doit son éducation.

SCENE IV.

<blockquote>Et vivant loin de vous sans Etats, mais en Roi.</blockquote>

Oedipe court grand risque de ne point tenir sa parole. *Peut-on vivre en Roi sans Etats ?*

ACTE V.

SCENE PREMIERE.

<blockquote>Du sort de tout ce peuple il est tems que j'ordonne,
J'ai sauvé cet Empire en arrivant au trône.</blockquote>

D'OEDIPE

Les mauvaises rimes nous suivront jusqu'à la fin.

SCENE II.

O Ciel ! & quel est donc l'excès de ma misere,
Si le trépas des miens me devient necessaire !

Dites-moi, s'il vous plaît, Monsieur, à quoi se raporte ce *des miens* ? ce pronom ne doit-il pas être précédé d'un substantif ? je n'en vois pourtant point, auquel il puisse se raporter.

Non, Seigneur, & ce Prince,
Pressé de ses remords a tout dit aux abois,
Et vous a renoncé pour le sang de nos Rois.

Que dites-vous, Monsieur, d'un Roi aux abois ? L'Auteur le prend-il pour un cerf ?

Mais le trône en effet n'étoit point votre place ;
L'interêt vous y mit, le remord vous en chasse.

Icare savoit bien qu'Oedipe étoit Roi : cependant il lui dit impoliment que le trône *n'étoit point sa place* ! La politesse n'auroit couru aucun risque, s'il avoit dit : *mais ce trône en effet*, &c. pour faire connoître qu'il n'étoit question que de celui de Corinthe.

Remords sans *s* n'a point encore été reçu.

Dieux ! faut-il en un jour m'accabler tant de fois ?
Et préparant vos coups par vos trompeurs Oracles,
Contre un foible Mortel épuiser les miracles ?

Je pardonne à Oedipe les *trompeurs Oracles*, parcequ'il ne veut pas se croire assez éclairci de son sort. Mais je ne lui passe point son orgueil, de croire que les Dieux ne fassent des miracles que pour lui. Je ne devrois cependant pas le lui reprocher : il est assez puni par ces miracles mêmes.

SCENE III.

Je ne sais comment feroit Icare s'il n'avoit pas le mot *quoi*, pour commencer son discours.

Quoi ! du Mont Citheron ne vous souvient-il plus ?
PHORBAS.
Comment.
ICARE.
Quoi ! cet enfant qu'en mes mains vous remîtes ?

Le bon homme Phorbas étoit bien vif & bien colere, de dire à Icare *que le diable l'emporte*, parcequ'il lui dit naïvement ce qu'il sait du sort d'Oedipe : il est vrai que ce ne sont pas ces propres termes ; mais qu'elle diference faites-vous de ces deux expressions, *que le diable t'emporte*, ou bien *que le Ciel te foudroye* ? La premiere est plus usitée : la seconde est plus poëtique.

Je n'aime point aussi que Phorbas dise à son Roi.

Seigneur, permettez-moi de fuir votre presence,
Et de vous épargner cet horrible entretien.

Manquons-nous si absolument d'épitetes, qu'on n'en puisse trouver une, qui convienne mieux à entretien ?

SCENE IV.

Toujours de *l'exécrable* ! Cela convient-il au langage d'un Oracle ? un Oracle peut bien être *terrible, funeste, faux, ambigu, trompeur* ; mais *exécrable*, c'est un peu trop.

Le

> Le voilà donc rempli cet Oracle execrable,
> Dont ma crainte a preffé l'effet inévitable !

Je ne vois pas que la crainte d'Oedipe ait preffé l'effet de cet Oracle ; mais elle a preffé la découverte de cet effet de la prédiction. Ce n'eft pas la premiere fois qu'Oedipe ne fait ce qu'il dit. Ne prend-t-il point encore une fois *incefte* pour *inceftueux* ?

> Et je me vois enfin, par un mélange affreux,
> Incefte & parricide, & pourtant vertueux.

On ne veut jamais avoir tort. Oedipe aime mieux fe défendre par une impieté, que de convenir feulement de fon malheur.

> Un Dieu plus fort que moi m'entraînoit vers le crime.
> Sous mes pas fugitifs il creufoit un abîme.

Eft-ce-là comme on doit parler des Dieux ? Vous verrez que l'Auteur n'avouera point auffi qu'il a tort de faire rimer *crime* avec *abîme*.

Les Dieux n'en font pas encore quites. Oedipe leur met fans façon tout le fardeau fur le corps.

> Impitoyables Dieux, mes crimes font les vôtres.

Ces Dieux-là étoient bien patiens.
Voici deux Vers qui finiffent bien galamment.

> Moi, votre époux ! quitez ce titre abominable,
> Qui vous rend l'un à l'autre un objet execrable.

Il faut excufer ce difcours dans la bouche d'un furieux. Le titre d'époux *abominable !* je parie qu'il n'y a point de femme, quelque mécontente qu'elle foit, qui trouve ce nom d'époux fi abominable.
Ce n'étoit point à Jocafte à quiter ce titre, puif-

C

que c'est Oedipe qui est l'époux. Mais il pouvoit la prier de ne plus s'en servir pour lui.

Quelle raison y a-t-il, pour que Jocaste soit un objet éxécrable à l'égard d'Oedipe ? elle n'a tué personne. Il est vrai qu'elle a couché avec son fils : mais en est-elle coupable ? elle n'a fait qu'obéir aux ordres du destin, aussi-bien qu'Oedipe. Pourquoi donc tant d'éxécrations ?

La frénésie se répand aussi sur Jocaste. La voici qui prend le ton d'Oedipe.

<small>Egine, arrache-moi de ce Palais horrible.</small>

Parcequ'Oedipe & Jocaste sont mécontens du destin, voilà tout d'un coup leur Palais devenu *horrible* ! Le successeur d'Oedipe n'en dira pas de même.

SCENE VI.

L'effroyable nous suit jusqu'à la fin de la Piece : mais il n'a jamais été mieux placé que dans les Vers suivans.

<small>O mon fils ! helas, dirai-je mon époux ?
O des noms les plus chers, assemblage effroyable !</small>

Ainsi lorsqu'une femme proférera le nom de son époux & celui de son fils ensemble, ce sera *un effroyable assemblage*, qui renversera *son horrible maison*, qui comblera *son éxécrable famille de maux épouvantables*. Vous ne vous seriez jamais douté que les tendres noms d'*époux* & de *fils* fussent capables de causer tant de ravages ? ni moi non plus.

Voyez ce que c'est, Monsieur, que de donner mauvais exemple. Jocaste a vû l'impieté d'Oedipe, qui charge les Dieux de ses crimes. Elle finit la Piece par une auſſi grande impieté, en parlant aux Prêtres & aux Thebains. Ce ſont les derniers Vers de la Piece.

Ne plaignez que mon fils, puiſqu'il reſpire encore,
Prêtres & vous Thebains, qui fûtes mes Sujets,
Honorez mon bucher, & ſongez à jamais,
Qu'au milieu des horreurs du deſtin qui m'oprime,
J'ai fait rougir les Dieux, qui m'ont forcée au crime.

Me voilà quite de la Poëſie, paſſons à la Proſe. Dans la premiere Lettre l'Auteur emploie le mot de *celebrité*, pour réputation : cependant l'Académie dans ſon Dictionnaire lui donne la ſignification de ſolemnité.

L'Auteur dit dans ſa ſeconde Lettre :

» Je ſai que les premiers aplaudiſſemens du Pu-
» blic ne ſont pas toujours des ſurs Garans de la
» bonté d'un Ouvrage.

Ne ſait-il pas que quand un ſubſtantif eſt précédé d'un adjectif, on emploie l'article *de*, & non *des* ? il faloit donc dire *de ſurs* Garans.

N'aimeriez-vous pas mieux dire, *repréſenter une Tragedie*, que jouer *une Tragedie* ?

J'eſperois que la fin de la Tragedie nous mettroit à l'abri de ces epitetes capables de nous faire glacer le ſang, par la terreur qu'elles inſpirent ; mais je retrouve encore événemens *épouvantables* dans la troiſiéme Lettre.

Je ne ſai, Monſieur, ſi vous aprouverez la phraſe ſuivante, qui eſt dans la cinquiéme Lettre de l'Auteur.

C ij

» Un Ministre d'Etat ne sauroit jamais être un » homme assez obscur pour être en prison plusieurs » années, sans qu'on n'en sache rien.

Qu'est-il besoin là de la négation *ne* ? la préposition *sans* ne fait-elle pas seule l'effet que l'Auteur demandoit ?

J'ai encore recours au Dictionnaire de l'Académie pour assurer l'Auteur, que la lettre *r* est du genre féminin ; qu'ainsi il devoit en croire son Imprimeur : cela auroit acourci son errata.

Voilà, Monsieur, les remarques que j'ai faites en parcourant l'Ouvrage de M. de Voltaire. Je crois m'être suffisamment aquité de la parole que je vous ai donnée au commencement de ma Lettre. Je suis persuadé que votre délicatesse ordinaire vous fera faire dans Oedipe de nouvelles découvertes. Si vous y donnez quelques momens, je vous demande en grace de me faire part de votre sentiment sur cet Ouvrage, & de me mander si vous aprouvez mes objections ; car j'ai une si grande vénération pour vos décisions, que je me rétracterai volontiers, si vous me condamnez.

F I N.

APROBATION.

J'Ai lû par ordre de Monseigneur le Garde des Sceaux, un Manuscrit qui a pour titre ; *Critique de l'Oedipe de M. de Voltaire*, dont on peut permettre l'impression. A Paris le 20 Mars 1719.

CHERIER.

PERMISSION.

LOUIS, par la grace de Dieu, Roi de France & de Navarre ; à nos amez & feaux Conseillers les Gens tenans nos Cours de Parlement, Maîtres des Requêtes ordinaires de notre Autel, Grand Conseil, Prevost de Paris, Baillifs, Senechaux, leurs Lieutenans Civils, & autres nos Justiciers qu'il appartiendra, Salut ; notre bien amé le Sieur G * * * Nous ayant fait supplier de lui accorder nos Lettres de Permission pour l'impression d'un Livre qui a pour titre ; *Critique de l'Oedipe du Sieur de Voltaire*. Nous avons permis & permettons par ces Presentes audit Sieur Exposant de faire imprimer ledit Livre, en telle forme, marge, caractere, & autant de fois que bon lui semblera, & de le faire vendre, & débiter par tout notre Royaume, pendant le tems de trois années consécutives, à compter du jour de la date desdites presentes ; faisons défenses à tous Libraires, Imprimeurs, & autres personnes, de quelque qualité & condition qu'elles foient, d'en introduire d'impreſſion étrangere dans aucun lieu de notre obéiſſance ; à la charge que ces préſentes feront enrégiſtrées tout au long ſur le Régiſtre de la Communauté des Libraires & Imprimeurs de Paris, & ce dans trois mois de la date d'icelles ; que l'impreſſion de ce Livre fera faite dans notre Royaume, & non ailleurs, en bon papier & beaux caracteres, conformément aux Reglemens de la Librairie ; & qu'avant de l'expoſer en vente, le manuſcrit ou imprimé qui aura ſervi de copie à l'impreſſion dudit Livre ſera remis dans le même état où l'Approbation y aura été donnée ès mains de notre très cher & feal Chevalier Garde des Sceaux de France, le Sieur de Voyer de Paulmy, Marquis Dargenſon ; & qu'il en ſera enſuite remis deux exemplaires dans notre Bibliotheque publique, un dans celle de notre Château du Louvre, & un dans celle de notre très cher & feal Chevalier Garde des Sceaux de France, le Sieur de Voyer de Paulmy, Marquis d'Argenſon, le tout à peine de nullité des preſentes; du contenu deſquelles vous mandons & enjoignons de faire joüir ledit Sieur Expoſant ou ſes ayans Cauſe, pleinement & paiſiblement, ſans ſouffrir qu'il leur ſoit fait aucun trouble ou empêchement : Voulons qu'à la copie deſdites preſentes qui ſera imprimée tout au long au commencement ou à la fin dudit Livre, foi ſoit ajoûtée comme à l'original ; commandons, au premier notre Huiſſier ou Sergent, de faire pour l'execution d'icelles tous actes requis & neceſſaires, ſans demander autre permiſſion ; & nonobſtant clameur de Haro, Charte Normande, & Lettres à ce contraires ; car tel eſt notre plaiſir. Donné à Paris le vingt-neuviéme jour du mois de

Mars ; l'an de grace mil sept cens dix-neuf, & de notre Regne le quatriéme. Par le Roi en son Conseil. FOUQUET.

Regiſtré ſur le Livre de la Communauté des Libraires & Imprimeurs de Paris, N°. 404, conformément à l'Arreſt du Parlement du 3 Decembre 1705. A Paris, le   1719.

    Signé.   *Syndic.*

www.ingramcontent.com/pod-product-compliance
Lightning Source LLC
Chambersburg PA
CBHW060703050426
42451CB00010B/1247